AF451259

BITÁCORA DE UN CORAZÓN (ENTERO O ROTO)

Quiero que, al leerme, sientas mariposas en el estómago o esa punzada en el pecho

Manu Cores

EDIQUID

BITÁCORA DE UN CORAZÓN (ENTERO O ROTO)
Quiero que, al leerme, sientas mariposas en el estómago
o esa punzada en el pecho
© Manu Cores

Editado por: Corporación Ígneo, S.A.C.
para su sello editorial Ediquid
Av. Arequipa 185 1380, Urb. Santa Beatriz. Lima, Perú
Primera edición, junio, 2023

ISBN: 978-612-5112-18-7
Impresión bajo demanda

Hecho el Depósito Legal en la Biblioteca Nacional del Perú N° 2023-04671
Se terminó de imprimir en junio del 2023 en:
ALEPH IMPRESIONES SRL
Jr. Risso Nro. 580 Lince, Lima

www.grupoigneo.com
Correo electrónico: contacto@grupoigneo.com
Facebook: Grupo Ígneo | Twitter: @editorialigneo | Instagram: @grupoigneo

Reservados todos los derechos. El contenido de esta obra está protegido por leyes de
ámbito nacional e internacional, que establecen penas de prisión o multas, además
de las correspondientes indemnizaciones por daños y perjuicios, para quienes
reprodujeren, plagiaren, distribuyeren o comunicaren públicamente, en todo o en
parte, una obra literaria, artística o científica, o su transformación, interpretación
o ejecución artística fijada en cualquier tipo de soporte o comunicada a través de
cualquier medio, sin la preceptiva autorización.

Colección: Nuevas Voces

CONTENIDO

AGRADECIMIENTOS

Nada de esto sería posible si no fuera por el apoyo que recibí de todas las personas que me rodean. Por ello quiero agradecerles de todo corazón a aquellos que me leyeron y escucharon cuando nadie más lo hacía, ya fuera para darme una crítica o sorprenderse y halagar mi trabajo.

Quiero agradecerle a mi salón de clase, a cada uno de los que me escuchó y pidió recitar mis poemas, así como a la profesora que me dio la oportunidad de hacerlo. Me encontraba en un momento en el cual se me dificultaba escribir y las cosas simplemente no me salían bien, pero cuando la impresión pintó sus rostros y buscaron mis poemas en internet para confirmar que realmente los había escrito yo, me sentí muy elogiado; ello me dio el impulso que, sin saberlo, necesitaba para poder seguir escribiendo.

Gracias a mi padre, a quien el día en que le leí un poema en el coche y le dije que era mío no hizo más que sonreír y pedirme que le enseñara más, sin terminar de creérselo. También, cada vez que tenía la oportunidad, trataba de impulsar mi sueño buscando alternativas para mi futuro y para este libro. Sin ti, papá, esto no sería posible.

Pepe, más que mi hermano mayor, eres ese amigo con quien sé que puedo hablar sin sentirme juzgado, quedarme conversando sobre la vida hasta las seis de la mañana. Contigo la conversación nunca se queda vacía, ya sea que hablemos de cosas por completo absurdas o de nuestros problemas hasta sentirnos plenos. Te agradezco por compartir lo que escribo, impresionarte con cada verso y pedirme cada vez más. Como hermano mayor siempre has sido mi apoyo y más desde que empecé a escribir, y estoy agradecido por tenerte desde el primer día hasta hoy. Sé que, si en un futuro tendré el apoyo de alguien, tú serás esa persona.

Gracias, Javier, por ser de esos amigos que ya no quedan; de esos amigos con los que puedes no hablar con él por un largo tiempo y aun así sabes que estará ahí para reír o llorar contigo. Javier, tú has sido la primera persona que me leyó, alentó y reconoció mi talento. Te agradezco por ser mi primer impulso y porque hasta la fecha sigues siendo sincero ante lo que escribo; te tomas el tiempo de leer, ayudarme con correcciones o decirme si algo no te gusta. Muchas veces necesito ese golpe que me haga ver que no soy tan bueno y que mi trabajo es bastante mejorable. Si tengo un margen de mejora, es porque sabes criticar lo malo y reconocer lo bueno.

Jamás olvidaré cuando mamá se acercó a mí después de contarle sobre este proyecto. Me miró fijamente a los ojos y me dijo: «Estoy muy orgullosa de ti, hijo». En ese momento me di cuenta de otro motivo por el que hacía esto; era por ti, mamá. Ahora reconozco que, después de escuchar tus palabras, derramé un par de lágrimas. Si lees esto, no me lo menciones, pues lo negaré.

Finalmente, gracias a ti. No es necesario que diga tu nombre, sabes quién eres. Gracias, porque fuiste la persona que inició este proyecto, plantando la idea en mi cabeza. Sobre todo, te agradezco por llorar con cada poema y pedirme más y más. No solo eres la inspiración de lo que transmito, sino que también eres la motivación que me mantiene. Sin ti, quizás, mi vida seguiría sin un rumbo fijo y yo me seguiría espantando por el futuro, pero en ti encontré lo que quiero en mi presente y en mi porvenir. Pase lo que pase, siempre te estaré agradecido, no solo por orientarme hacia lo que realmente quiero, sino por enseñarme a amar.

PRESENTACIÓN

Cuando hablamos del amor, todos tenemos algo que decir, aunque sean carencias. Todos tenemos al menos una historia que contar; algunas más largas que otras, e incluso unas que no tienen siquiera un comienzo y, por ilógico que suene, puede que esas sean las más dolorosas. Amores platónicos, amores de la adolescencia o amores que aparentaban estar en el olvido y se encontraban en un pequeño recoveco de nuestro corazón.

Son muchas la razones por las cuales un vínculo entre dos personas queda completamente destruido y caemos ante el victimario del desamor. Muchos no son capaces de creer en este sentimiento después de alguna ruptura, aunque quedan personas cargadas de valentía o de idiotez que aún piensan que existen en las almas gemelas.

Sabiendo que pocos me llamarán valiente y que en su mayoría me dirán idiota, me atrevo a hablar del amor, sin denominarme con ninguno de estos dos términos. Creo que, más bien, estoy confundido.

No vengo en busca de respuestas, ya me respondí a mí mismo. Tampoco tengo el objetivo de confundirte o resolver tus dudas. Solo quiero que encuentres tu poema, ese que sea capaz de recordarte a una persona, presente o no en tu vida, y que puedas verte reflejado aunque sea en una de mis páginas. Si es necesario, deja caer una lágrima en ella, sin importar si es de tristeza o felicidad.

Desconcertarte con este libro depende de ti, o quizás no, pero de mí queda plasmar un nombre y un rostro en tu mente.

Sin hacerme responsable de lo que puedas sentir al leer estas páginas, te agradezco por darme la oportunidad y te doy la bienvenida a un mundo que ya conoces: el de la poesía.

PRÓLOGO

Escribir el prólogo del primer libro de Manuel resulta una tarea muy especial, ya que, como su maestro, es increíble el proceso de crecimiento y desarrollo que los años han traído a su haber. En la vida del docente podemos pensar que conocemos a nuestros estudiantes al haberlos visto crecer a nuestro lado. Sin embargo, es el tiempo el que verdaderamente refleja la grandeza y complejidad de este proceso de cambio, permitiendo que la vida nos sorprenda y nos enseñe sobre la belleza que se esconde en el arte de educar y aprender.

Durante muchos años, he tenido la profunda convicción de hacerles saber a mis estudiantes la trascendencia que el amor encierra en cada aspecto de nuestra existencia. Desde la embriaguez del eros, la cercanía de la *philia* o la profundidad del ágape, nuestra vida misma es una expresión de amor en cuanto a nuestras capacidades de relación, contemplación y servicio. Somos, pues, el reflejo de una historia amorosa que nos hace perdurar en el tiempo.

A ti, lector, que destinas tu atención a los siguientes poemas, deseo que en ellos veas reflejada tu propia historia de vida y permitas que, al experimentar la pasión con la que el autor expone cada línea de su vivir y pensamiento, reconozcas la belleza que supone aprender a valorar los detalles amorosos presentes en nuestras poco analizadas monotonías.

Manuel ha logrado plasmar en cada uno de sus poemas la profundidad y el encanto del amor en sus distintas facetas. Desde la pasión desbordante hasta la ternura más sutil, cada poema es una ventana abierta al corazón de un joven poeta que ha encontrado en el amor una fuente inagotable de inspiración. Por lo tanto, este libro no es solo una muestra del talento de Manuel, sino también una invitación a adentrarse en el universo de las emociones humanas, a explorar los rincones de nuestra naturaleza amorosa y reflexionar sobre el papel que el amor juega en nuestras vidas.

Asume cada página como una oportunidad de encuentro contigo mismo, en la que el agradecimiento por lo vivido sea la mejor forma de asumir la complejidad de nuestra historia, para así poder entender la importancia de valorar las relaciones que hemos establecido con otros seres en este vasto mundo.

Este encuentro nos permitió ver aquello que las fatigas y el agobio son capaces de borrar de nuestras conciencias. Como bien diría Erich Fromm en su obra *El arte de amar*: «Si dos personas que han sido extrañas (...) dejan de pronto que la pared que hay entre ellas se rompa para sentirse y descubrirse, esta será una de las experiencias más emocionantes de la vida».

Para mí este fue un pequeño encuentro con pedazos olvidados de mi juventud, asumiendo los frutos silenciosos que genera entregarse a la docencia con la pasión de transmitir lo que creemos importante para la vida.

Por eso, te invito a disfrutar de este pequeño libro escrito con el corazón, y a dejar que tus emociones y recuerdos sean el más amable crítico de tu historia de amor.

Ricardo Marcano

¿Amor?

El amor
nos hace sentir cosas
y perder el sentido,
sentimos mariposas
y nos resulta divertido.

Y claro que confunde,
¿cómo no nos va a tener confundidos?
Si el corazón a la mitad
es un signo interrogativo.

Mi primera duda

Unos dicen que el amor
no es para siempre,
otros dicen que se transforma.

Quizás el amor se ve consumido
por la monotonía.

Sentido

Todo se tiene que hacer con amor,
por eso no te prometo placer
durante el sexo.

A cambio te prometo el calor
que les faltará a tus pies
y le sobrará al resto de tu cuerpo.

No te prometo la luna,
te prometo dos amapolas.
Verás mi corazón en una
y mis poesías en otra.

Te regalo todos mis celos,
celaré hasta tu almohada.
Te regalo todos mis desvelos
para que no celes mis madrugadas.

Te hago dos promesas,
a cambio de una mirada.
Te hago dos regalos
a cambio de nada.

Rasgos

Mirarte a los ojos es poesía
cuando me apuntas como bala,
cuando miras directamente a mi alma
o a mis ojos por cortesía.

Cuando sonríes, se me cae la baba
y haces que yo también sonría,
eres capaz de hacerme el día,
porque tu sonrisa brilla como el alba.

Tan corta y a la vez tan imprecisa
la mención hacia tus dos ojos,
tan precisa y a la vez tan corta
combinarla con tu sonrisa.

Son simplemente dos rasgos tuyos,
que ambos sabemos me pertenecen,
aunque te lo diga en murmullos
y hablándote entre dientes.

Son ventana y cortina,
son luz y oscuridad,
son taras y mentiras,
son salud y verdad.

¿Por qué carajos?

Ahora que echo la vista atrás,
no veo dónde está el problema
ni entiendo por qué lo dejamos.

Ahora que ya no estás
veo más glorias que penas
y pienso en volver al pasado.

Es la nostalgia que me ataca,
que no me permite ver lo malo,
cubre tu nombre de estacas
y no me permite odiarlo.

Llegar al punto de concordia
fue la peor decisión que tomamos.
si no te odio y no me odias…

¿Por qué carajos lo dejamos?

De extraños a extraños

Me dijo que me extrañaría
y le dije «nos vemos el lunes».
Con tristeza en la mirada, sonrió.
Entendí, no volveré a sentir su perfume
ni su olor.

Pasamos de ser dos extraños
a formar un nosotros,
y pasaríamos a ser dos extraños
fingiendo no extrañar al otro.

Dejaríamos de apreciar los pétalos
y veríamos las espinas en las rosas.
Estaría esa sensación en el pecho
pero esta vez no serían mariposas.

Tus miedos ya no serían míos
y ya no te interesarían mis intereses,
pero, aunque dejara de contar contigo,
no dejaría de contar los meses.

Mi insomnio seguiría teniendo una razón,
no sería una charla contigo,
sería una discusión
entre mi mente y mi corazón.

Filos rojos

Me ataste a tu meñique
aferrándote a mi caminar,
y te instalaste en mi mente
sin siquiera darme opción.

Pusiste tu tristeza en un costal
pidiéndome que lo sostuviera,
de los lazos que brotaban
con la raíz en tu corazón.

Me diste el mundo entero
para quitármelo en cinco minutos,
me prometiste un amor sincero
y con cero sustitutos.

Remplazaste el cariño que me dabas
por acciones impías y cortantes.
En vez de irme, busco que sea como antes
y esperar a ver si un día por fin me amas.

Mírame a la cara, mírame a los ojos,
porque por mirarme siempre de reojo
confundiste los hilos descosidos de mi corazón
con hilos rojos.

Expetere

Extrañaré ver tu sonrisa y tus ojos,
me va a doler no poder sentir tu aroma.
Tendré que verte solo en las fotos
al menos que resulte que eres Roma.

Dejo mi ventana abierta por si regresas
y pintaré las suelas de mis zapatos
por si decides volar entre las estrellas
para que puedas seguir mis pasos.

Estaré en el ombligo de la luna,
tú en el cosmos que antes era nuestro,
si te tengo cerca viviré con penumbra
pues estaremos en tierra de conejos.

Créeme que te voy a extrañar,
si ya te extraño y aún no te marchaste.
Nos tocará ponerle punto final
y anhelo que sea un punto y aparte.

El arte del sexo

Mueves los hilos a tu gusto,
me convertí en tu marioneta.
Entablas la conversación con tus muslos
ignorando la complicidad de tu silueta.

Me susurras al oído tu mejor canción,
marcada por el ritmo de tus latidos
y conforme se acelera la respiración
vas marcando el estribillo.

Me desvistes con mano de artesano,
minuciosamente me recorres cual arcilla,
llenando así mi cuerpo de cosquillas
y provocando inquietud en mis manos.

Con el pulso de un dibujante,
trazas los mejores cumplidos
y cierras las cortinas
sin hacer un solo ruido,
amándome en pantomima.

Y yo
te tocaré con cada verso,
voy a desnudarte con mis letras,
con mis estrofas te daré los besos
y te haré el amor con tacto de poeta.

26 de noviembre

No te compraré miles de abrigos,
pero no me malinterpretes.
No quiero que pases frío,
quiero que me lleves en el suéter.

San Lorenzo

Llevaba mucho sin verte
y volví a sentir esos nervios.
Ahí entendí que se trata de quererse
como si fuéramos dos niños pequeños.

Llevaba meses sin ver tus ojos
burlones cuando me hablas con ironía,
ambos fuimos víctimas del despojo
pero tu mirada seguía siendo mía.

Esta vez te encontré frente al mar,
cubierta de arena y yo de ataraxia,
liberándome de mis miedos y ansiedad,
regalándome una nueva galaxia.

Cruzamos el charco juntos,
volvimos a ser felices,
borramos comas y puntos
y curamos cicatrices.

Wabi-sabi

No pude evitar besar tu mejilla
cuando vi que tenías una cicatriz,
no pude evitar matarte a cosquillas
cuando dijiste que no te gustaba tu reír.

No pude evitar pedirte una noche
cuando vi que tú también tenías ojeras,
más cuando dijiste no tener coche
y teníamos que usar nuestras suelas.

No pude evitar marcar constelaciones
cuando recorrí las estrías de tus muslos,
no pude evitar amarte sin condiciones
porque el amor contigo nunca fue justo.

No pude evitar hacerte el amor
cuando vi el desorden de tu cuarto,
no pude evitar quedarme con tu olor
cuando vi que estaba roto el frasco.

No pude evitar seguir la rutina
de darte besos en la nariz,
cuando dijiste que querías una más fina
y que no te gustaba tu perfil.

Me enamoré de todos tus defectos,
siguiendo un sinfín de patrones,
porque no pude evitar ver lo perfecto
de todas tus imperfecciones.

Fui, soy y seré

Antes de marcharte, déjame decirte,
no se encuentran dos personas
que sean iguales en esta vida,
incluso si decides volver.

En un año ya no seré el mismo.

Él

Me duele que me quieras
pero sigas pensando en él,
estancada en el hubiera
y en lo que ya se fue.

Sigo intentándolo,
pero me duele que sigas
viendo hacia el pasado.

Sigo pensándolo,
por más que me digas
que ya lo has olvidado.

No te garantizo esperarte,
por más que yo quiera hacerlo.
No me garantices sanar antes,
garantízame hacerlo con tiempo.

Es fácil

Al despertarme, lo primero que pienso
es darte los buenos días.

A mediodía me pregunto siempre
qué estarás comiendo tú.

Por las tardes vienes a mi mente.
¿Habrás pensado en mí hoy?

Al estar rodeado de gente,
me imagino cómo sería que estés aquí.

Cuando viajo me llevo tu foto
y pienso en lo bien que estaría contigo.

Si me ven ojos que no sean tus ojos
solo pienso en que les falta brillo.

Y antes de irme a dormir,
solo pienso en darte las buenas noches.

¿No lo entiendes?
Es fácil.
Eres mi todo.

Amor actual

En esta sociedad
los besos son insignificantes
y van faltos de amor.

En la actualidad,
ya no existen los buenos amantes
y se ama la traición.

Amor es lo que se busca
pero el desamor es lo que mueve,
la facilidad nos frustra,
y amamos lo complicado,
aunque nos duele.

Regalos caros para enamorar,
menos cartas y más pretextos,
que terminaron por amainar
cuando llegaron los mensajes de texto.

Ahora los bailes son por redes
que no tienen nada de sociales,
llegaron los besos a pantalla
desvaneciendo los besos al aire.

00:00

Hoy no pudo ser,
será mañana entonces,
pero eso dije ayer
y hoy ya van a dar las doce.

Puse en espera el amor
y culpé a la razón,
poniendo al frente el orgullo.

Se puso de frente el dolor
por ignorar que mi corazón
aún sigue siendo tuyo.

«Quizás aprenda a amarte
el día de mañana»,
dije al no escucharte
y escuchar doce campanas.

Mi espejo

Me veía al espejo y pensaba:
«alguien así no merece a nadie».
Me veía por dentro y soñaba
con alguien que cure mis males.

Me veo al espejo y pienso:
«Vine a comerme al mundo».
Me veo por dentro y sueño
con llamarte «Tierra» por un segundo.

Lo que ayer fue un mar de complejos,
hoy es mi tesoro más valioso,
desde que no me refleja mi espejo
y lo hacen tus dos ojos.

Tenemos que hablar

«Tenemos que hablar»,
dijiste para confesarme
el día que te enamoraste.

No me pediste hablar
cuando querías
que formara parte de tu vida.

Me pediste no hablar
a la hora de caer preso
del exceso de tus besos.

«Tenemos que hablar»
salió de tus labios
para decidir no hablarnos.

Con la incertidumbre de una frase
quebrantaste todos mis huesos,
enseñándome el poder del habla
y el dolor del silencio.

Lycoris radiata

Siento sosiego si fumo el canuto,
y después en un mundo gigante
soy un ciego diminuto.

Ebrio la veo borrosa
y sobrio en mis sueños de dos minutos.
En mi estómago siento mariposas
y a ratos me siento un sustituto.

Por más que duela, me enamoré
de un corazón de piedra
que dejó mi corazón de luto.

Trece noches de insomnio
y escribo nuevamente una carta,
dejé de controlar mi monopolio
y de noches ya es la decimocuarta.

Quiero encontrar la forma y el modo
aunque mi corazón se parta,
me mostró el infierno con flor y moño.
La maldita *Lycoris radiata*.

Es que es lo típico,
confundir el cielo con el infierno.

¿Y lo atípico?
Querer arder en las llamas de tu pelo.

¿Aunque sea un poco cínico?
Aunque me queme mis mejores sueños.

¿Aunque tus terrores nocturnos
se vuelvan prolíficos?
Aunque se reproduzcan
como ratas y conejos.

¿Qué es mejor, el perdón o la venganza?
Vengar el perdón verdadero.
¿Y si se pierde la esperanza?
Esperar el catorce de febrero.

¿Y si en el cielo solo veo desesperanza?
Yo veo el equinoccio con luces de lucero,
y no dejo de ver tu flor de añoranza
ni los recuerdos perdidos en un cementerio.

Aunque ya no tenga más creencias,
al final me siento atraído por una asesina
que aniquila mi conciencia.

¿Por qué me amas?
Porque me dueles.
¿Aunque sea una flor macabra?
Aunque seas la flor que me queme.

¿Que si me gusta el fuego de tu llama?
Me encanta la llama que desprendes.

Quiero recorrer las rutas de tus mares,
ser el nauta entre tu cicuta
y el que a tus hojas las inhale.
Ser el sudor de tu nuca
empapando de luz tus soledades,
quiero ser el azúcar
de tus dulces ansiedades.

Al final,
estoy dispuesto a aceptar
cualquier tortura
por probar tus comisuras labiales.

Entiendo que estoy enamorado
y que ha llegado mi hora.
De amor he pecado por enamorarme
de una flor destructora.

¿Creces en alguna parte?
Porque este romance ya está muerto.
Tú y tu color rojo, tan brillante
cambiaron su aspecto.
No te noto tan radiante,
tu color se tornó macilento,
pero no es la muerte del personaje,
sino la de un amor inexperto.

¿Por el dolor te ves nutrida?
Porque señalas el camino del infierno
como si fuese el del cielo.
¿Acaso esto fue una despedida?

Espero que sea un hasta luego,
Porque, aunque me hagas daño
por cómo me miras,
te observo con deseo.

Maldita *Lycoris radiata*,
quiero arder en tu fuego.

En mi piel

Déjame las marcas de tus rasguños
impregnadas en mi torso.
Muérdeme los labios de desayuno,
sin tacto minucioso.

Encárgate de destruir mi piel,
yo me aferraré a tu caminar.
Pisotéame con ambos pies,
que soy goma de mascar.

Marca coordenadas al azar
dejando cardenales en mi destino,
no pongas punto final a esta tortura.

Recuerda que soy bola de cristal
y sé que mi sitio es contigo,
ya me lo dijo la galleta de la fortuna.

Esto no va de restaurantes lujosos,
va de destruir mi piel y cuidar
este corazón que anda flojo
por culpa de mi vulnerabilidad.

Planetas

Fuimos amantes en Mercurio,
cómplices de batallas y guerras,
te pondré el anillo de Saturno
despidiéndonos de la Tierra.

Le dimos calor a Urano,
Júpiter nos quedó pequeño
porque lo que soñamos entre humanos
es más grande desde el cielo.

Dimos color a toda la galaxia
pintándola con matices fríos,
dándole todo su calor a Venus
y a Marte su color rojizo.

Te amaré desde Mercurio hasta Neptuno,
empacaré todo mi amor en mi maleta,
dejaremos una bandera por el recorrido
en cada uno de los planetas.

Mi complejo

Cuando te pienso sin pensarte
es cuando más te quiero.
Cuando tengo ganas de abrazarte
se pone en frente el hielo.

Cuando tengo ganas de besarte
no te he dado ni un beso,
y cuando tengo ganas de marcharme
estás tú de por medio.

No te quiero cerca,
pero tampoco lejos.
Es mi mente terca
y mi corazón tan necio.

Como no le pude llamar «amor»
le llamé «curiosidad»,
pero tras conocerla
la llamé «mi complejo».

Timidez

Soy esclavo de la cobardía,
amante de tu caminar,
preso de no hablar,
enemigo de la palabrería.

Soy la sombra que no notas,
que se descose de tus plantas,
asumiendo así la derrota
tras el giro de tu falda.

Soy la caricia desde leguas,
el grito de un murmullo,
el gato al que le comieron la lengua
solo cuando está delante tuyo.

Pregunta a mis piernas por sus temblores,
y a mis manos por sus escalofríos,
irónicamente mis sudores
terminarán culpando al frío.

El primer beso

Un racimo de mariposas
revoloteando por el vientre,
una mirada rigurosa
apuntando por accidente.

Un paso hacia atrás,
para dar dos adelante,
por miedo a tropezar
en la brevedad de un instante.

Se apodera la traba del vocablo
por no saber jugar con la labia,
caemos rendidos ante los labios
de quien nos suplica con la mirada.

Llegó el momento y lo notamos
cuando somos capaces de ver,
teniendo los ojos cerrados
y volamos sin levantar los pies.

Luego caminas para casa
sin sacártelo de la mente,
preso de la mezcolanza
de sentirse vivo y verse inerte.

El hielo que cubre el corazón
convirtiéndose en un incendio,
marcado por el frío de un adiós
o el calor de un hasta luego.

Volar

No mereces aguantar
todos los problemas
con los que cargo.

No mereces estar
donde solo hay penas
y letargos.

No me intentes sanar,
porque tu condena
será hacerte daño.

Tú decides si tomar mi consejo
y alejarte de este castigo.
Tú eliges si volar lejos
o caer conmigo.

Seis mentiras

Tu primera mentira
me cayó como una bomba,
pese a eso decidí perdonarte
y confiar una vez más en ti.

En la segunda te excusaste
diciendo que estaba exagerando,
por supuesto, no era para tanto,
y fui el idiota que te pidió perdón.

Ojalá decir que la tercera
fue la vencida y me marché,
pero hubo una cuarta,
volví a ser un idiota y me quedé.

No sé si fue bueno o malo,
pero la quinta ya no lastimó.
Creo que me voy acostumbrando
a tu comodidad y a mi dolor.

Llegó la sexta y con ella
llegaría el día de tu partida.
Mi llanto no era por no volverte a ver,
sino porque te fuiste,
cuando yo lo debía hacer.

Me diste

Me diste alas
hacia el puerto de tus talones,
me convertí en kamikaze
como el resto de tus aviones.

Me diste balas sin fallo,
con acierto y puntería
con el objetivo de disparar a lo monótono,
pero tirar del gatillo fue la rutina.

Me diste la calma,
de un martes 13 de manta y siesta,
con lluvia pegando en las ventanas
sin saber que llegaría la tormenta.

Me diste un arma,
pero cubriste mis manos con aceite,
pusiste todos mis sueños enfrente
y me apuntaste con otras veinte.

Me diste tanto
y a la vez tan poco,
que convertiste mi llanto
en mi propio ahogo.

Matemáticas

¿Quién de los dos fue menos?

El positivo que luchaba más
y duplicaba siempre la apuesta,
que dividió su corazón para dar
sabiendo que le daría resta.

Siendo malo en números y ejes,
inventó fórmulas y despejes
para amar más allá de una tesis,
sin saber que él mismo era equis.

Te quedaste en ceros,
cero pérdidas con mi marcha,
cero ganas de amar,
cero esfuerzos,
cero lágrimas,
cero motivos.

El problema es que mi suma
me dio números negativos.

La despedida

Quise buscar consuelo
en los brazos de quien se iba
y agaché la mirada al suelo.
Nunca fui bueno en las despedidas.

No quise rogarte con palabras,
pero créeme que lo hice con la mirada.
Quizás fui poco convincente
o tu decisión ya estaba tomada.

Te volteé a ver después de despedirme,
fue mi peor error, no lo debí hacer nunca,
porque ahora tu imagen es más triste
y solo me pude quedar con tu nuca.

Hasta la fecha sigue en mi mente la idea
de que nos quedaba mucho por vivir,
y no te estoy hablando de una vida entera
pero si de cinco minutos antes de dormir.

Tú lo dijiste:
«Va a ser difícil y tengo miedo».

Irónico

Depositaste toda tu confianza,
yo la arrullé entre mis brazos,
la cubrí de filos de navajas
y la adorné con nuestros lazos.

Le creíste más al mar de dudas
que a la corriente más tranquila,
le creíste más a la palabra de Judas
sabiendo su historial de mentiras.

Preferiste charlas entre dientes
y suposiciones mal armadas,
en lugar de escuchar de frente
y que te apunten con la mirada.

Mi silencio era el grito
de mi alma descosida,
mi tranquilidad era el mito,
pues el castigo de Sísifo no termina.

Irónico que la confianza cayera
junto con todo el sosiego.
Más irónico culpar a la madera
y defender al fuego.

Tú puedes, guapo

«Tú puedes, guapo».
fue el último cumplido
que dijiste antes de irte
y cerrar un ciclo conmigo.

Ambos sabíamos que no podía,
pero con dos palabras
y un mote cariñoso
me diste fuerzas para lograrlo.

Antes de marcharte
me dijiste que yo podía
contra todos los problemas
que me nublaron la mente.

Me dio fuerzas, no mentiré.
El problema es que pude
y tú ya no estabas ahí
para recibirme sonriendo.

El problema es que me diste alas
pensando que querías quedarte.
El problema es que sí pude,
pero ahora ya no puedo contarte.

Amar a destiempo

Para mí
fuiste esa canción
que sabes que se convertirá
en tu canción preferida
apenas escuchas el comienzo.

Espero por lo menos
ser para ti
esa canción
que empiezas a apreciar
con el paso del tiempo.

Victoria

Que tus palabras
sean la apología,
que convierta
homónimos en sinónimos.

Que tu nombre
tenga la misma intención
de su sustantivo,
sea propio o común.

Que levantes armas
de forma fehaciente
y defiendas mi nombre
dándole sentido al tuyo.

Lúchame,
defiéndeme,
gáname,
ámame.

Segunda oportunidad

Tenemos una segunda oportunidad
para discutir de otra forma,
demostrarnos más amor,
querernos en las malas.

Tenemos una segunda oportunidad
para seguir las normas,
romper las que no,
no tirar la toalla.

Tenemos una segunda oportunidad
para discutir de la misma manera,
no querernos en momentos difíciles,
querernos solo en los buenos.

Tenemos una segunda oportunidad,
para romper las reglas,
no respetar los límites
y pisar el freno.

(Des)bloqueo

Dime si sigues soñando con Londres,
yo te sigo esperando en mi ventana.
Me quedaré con las arrugas del sobre,
encárgate de conservar la última carta.

¿Sigues viendo el paraíso
o despertaste de ese sueño?
Yo sigo siendo ese niño poco conciso,
por lo impreciso del deseo.

Me quedé estancado en ese parque
y olvidarte no es la opción pragmática,
deseo que todo sea como antes
y esa elección es aún menos práctica.

Te escribiré sin pensar,
disculpa si no te parece,
pero no te podré buscar
si lo pienso más de dos veces.

El egoísmo me está ganando
por ser cautivo de su fragancia,
aun así, prefiero ser el egomaniaco
que derrotó a la distancia.

Y aún sigo esperando que me cuentes
cómo van las cosas en Londres,
si sigues siendo la misma o eres diferente,
si me olvidaste o aún recuerdas mi nombre.

En la enfermedad

Quiero ser tu medicina,
quien alivie todos tus males
a base de cosquillas
y de un millón de detalles.

Seré tu médico de cabecera
cuando el dolor se apodere de tu cuerpo,
te recetaré dos cucharadas soperas
de amor, calor y sentimientos.

Si eso no es suficiente,
te receto cuatro abrazos,
dos besos en la frente
y el cobijo de mis brazos.

Seré quien siempre busque tu plenitud,
ante la enfermedad seré tu escudo,
me adelantaré para decir «salud»
antes de que puedas dar el estornudo.

La calle de los poetas

La poesía no solo va por escrito,
la musicalidad a veces ni se canta,
los versos suelen perder su ritmo,
y las estrofas ya ni siquiera alcanzan.

Las cruzadas ahora son de palabras,
las guerras van entre poetas
que se quedaron con sabor a nada
por recalentar sopas de letras.

Es preso de lo que él mismo escribe,
pensando que es desahogo de penas,
y cuando lo hace es cuando llora y gime,
el bucle de no darse cuenta es la condena.

Que no se atrevan a hablarte del amor
ni darte consejos de una vida práctica,
escribimos sobre carencias y dolor
y no vivimos más allá de nuestras páginas

Solo te puedo dar un par de segundos,
es el castigo romántico de los escritores
imponernos un mundo de depresiones.
Aun así, prometo darte paz en tu mundo
mientras el cronómetro corre.

La mariposa

Mi fe y mi razón
pelean siempre,
por creer en el amor
y no saber quererte.

En mi pecho hay mariposas
que no saben prender el vuelo
por tener las alas rotas
y chocar contra recuerdos.

Hacer resúmenes de fracasos
y escupirlos en forma de letras,
hago lo posible por olvidarlo
y es ahí cuando más me cuesta.

Habrá un límite en tu paciencia,
soy humano y quiero libertad,
me falta la verdad y voluntad
para encontrar la trascendencia.

Seguiremos chocando mientras tanto,
aunque usemos la filosofía para entender.
En el odio seguiremos estancados,
por desear amar donde se amó alguna vez.

Ataraxia

Mi carencia de temor,
la tendencia de mi paz.

Eres tú.

Veneno

Experta en arruinar mis noches,
de hacerme dar vueltas en la cama,
especialista en llantos y derroches
e insultarme con la mirada.

Máster en evitar disculpas,
yo en pedirlas sin tener la culpa,
en creer en segundas oportunidades,
evitar preguntas para evitar verdades.

La toxicidad de mi inocencia
aliada con tu carga de rencor,
de quererme un día sí y al otro no
y tu maldita indiferencia.

Esa es la dosis perfecta
para aferrarme al dolor
que conlleva el tenerte cerca
y presentir cerca un adiós.

Nuestra serie

Desde que te marchaste me duele
todo lo que antes parecía ridículo,
como ver anunciado en la tele
que nuestra serie tendrá nuevos capítulos.

Que me tocará verlos yo solo,
sin emocionarme a tu lado,
de solo pensarlo me da el mismo mono
que cuando intenté dejar el tabaco.

Serás la principal de principales,
porque sin estar presente tendré el peso
de que nadie me robe un beso
cuando sean las pausas comerciales.

El especial de Navidad fue lo más gélido,
dejaste el frío en mi almohada.
Aun así, estabas en todos los créditos
y en ningún capítulo de la temporada.

Quizás deba buscar una serie nueva,
pero sé que no será como la anterior.

Serás la misma

Siempre serás esa niña con ojazos,
aunque yo quizás ya no esté cerca,
incluso si tu felicidad está en pedazos
tu gracia siempre estará completa.

Siempre seré ese niño con ojeras,
aunque no seas la razón de mi desvelo,
estarás presente a cada hora
y en cada uno de mis anhelos.

Tu sueño seguirá en Europa
y tu sitio siempre será la playa,
el mío seguirá en la escritura,
es la única forma de que no te me vayas.

Volveré entre copa y copa
para volver a tirar la toalla,
espérame entre la lectura,
te escribiré miles de motivos y fallas.

Estemos juntos o separados
seguiremos siendo nosotros,
dos conocidos tan extraños,
siendo tan iguales pero rotos.

Fantasmas del pasado

Conversé con todos los fantasmas
que atormentaron mi pasado.
Todos ellos me exhortaron
y robaron lo melifluo de mi alma.

Se treparon en mis omóplatos,
formaron peñascos con mis problemas
y siendo los mejores topógrafos
midieron el sinfín de todas mis penas.

Me sentenciaron a dividir morfemas,
a relatarlos a ellos en mi bestiario.
Me ahogué a falta de flemas
con mi poco sentido literario.

Sus malos tratos fueron prolíficos
dejando estéril mis ganas de amar,
me bañaron de jeroglíficos
imposibles de descifrar.

Me arrancaron los ojos y fui capaz
de vislumbrar con tu silueta.
Adormilado, con poco que desear
sin saber cambiar la receta.

Seguir añadiendo cucharadas de paz,
que se disuelven con sabor a nada,
seguir pasando de recalentar,
precalentando para carne ya pasada.

Permítanme dejarla pasar,
sin saber qué es lo que me aterra,
si lo solo sería un fantasma más
que me siga sumando guerras.

Barquito de papel

Mensajes entre botellas vacías,
que se llenan de sentimientos,
algunas cargadas de alegrías
y otras de SOS entre lamentos.

Seré yo quien elija la primera opción,
sabiendo que tu Ártico es de cristal
y que tu Pacífico va falto de paz,
cruzaré por el rojo de tu corazón.

Seré yo aquel marinero que señale
y corra la voz de tu tierra a la vista,
quien navegue por los peores mares
sabiendo que es imposible que resista.

Sin oro, siendo cómplice del frío
que me traen las tormentas de verano.
Alma llena, pero bolsillos vacíos
desde que cubrí con guantes mis manos.

Ven, quédate en mi pequeño chalet,
te hablaré del amor con mis cartas,
no las esperes con envío exprés,
ni que lleguen en grandes fragatas.

Solo desdobla mi barquito de papel.

Mi culpa

No soy capaz de asumir la culpa,
el culpable es mi sentimiento.
Yo traté de verte como antes
pero me quedé en el intento.

La magia que tenían tus ojos
se terminó por amainar,
o quizás fueron los míos
que ya no te ven igual.

Yo soy consciente de que lo intenté,
pero siempre me sacó de mis casillas
hablar de bodas, buscar hotel
y nombres en internet de niño o niña.

Simplemente quería vivir el momento,
no quería buscarnos ninguna meta,
quería regalarte un poco de mi tiempo
sin necesidad de aviones ni maletas.

Pensándolo bien, sí fui culpable,
por no aclarar lo que había en mi mente.
Fui inmaduro, un cobarde inestable,
pero juro que no soy mala gente.

Apareciste

Tu nombre escrito en mi memoria,
mi memoria tan versátil si se trata de ti,
jugándome la más pesada de las bromas
de traerte justo antes de dormir.

Tanto tiempo sin que aparecieras,
pero volví a recordar ese parque,
la ruta de mi casa a tu loquera,
y de tu loquera a mi propia cárcel.

Pensé que estaba en el olvido
todo el daño que hoy me come,
si ya hasta mis mejores amigos
tenían permitido decir tu nombre.

Entonces apareciste de nuevo,
enmoheciendo todas mis noches,
sin piedad, a troche y moche
encerrándome en tu maldito juego.

Secaste por completo mi paraíso tropical,
cubriendo de rocas mi almohada
y llenando de arena cada trago.

Llegaste para poner esferas de cristal
en las más frágiles de mis retamas,
para recordarme lo páramo de mis labios.

Derritió mi *iceberg* solo siendo ella
apareciendo en mi inconsciente,
juntándonos como noche y estrellas,
sin siquiera estar presente.

La inspiración del artista

Fuiste el lienzo de mi pintura,
tus medias fueron la inspiración,
basándome en el boceto de tu cintura
para las curvas del marco de mi corazón.

Tantas rayas en cuadros anteriores
y llegaste siendo tigre para darles sentido,
para cazar a todos los matices fríos
y llenarlos de colores.

Siendo tú, guerra sin ilesos,
la prisión de los formatos,
el pincel que dibuja besos
que chocan con mi autorretrato.

Esa es tu esencia y tu magia,
ser el paisaje más pictórico,
transmitir una mezcolanza
entre la nostalgia y lo eufórico.

Ser dueña de mis obras por costumbre,
ser déspota de mis pensamientos,
el *fauve* de mi sentimiento
y el terminar de mi incertidumbre.

Querido amigo

Tú que siempre estuviste,
para escucharme enamorado,
escucharme con el corazón roto,
deshilachado y destrozado.

Fuiste las páginas de mi diario,
mi reír en momentos tristes,
y mi abrigo en los tiempos fríos.

Gracias por enseñarme lo perdurable
de los pequeños goces de la vida,
a sacar el corazón cuando me enamoro
y a repararlo cuando lo lastiman.

Mi mejor amigo.

A veces

A veces, quien pide perdón,
no es el que más se equivoca,
si no quien tiene más miedo a perder.

A veces, quien entrega el corazón,
lo hace teniéndolo en la boca,
para sanar heridas que no se ven.

El dueto

Ser el tinte de tus canas,
las historias para tus nietos,
y que tu segunda almohada
se encuentre entre mi pecho.

Ser las migas de ese pan
que te señalen el camino
cuando no encuentres tu hogar
y el mismo esté perdido.

La cicatriz tras esa herida,
el aprendiz del payaso,
para dibujar sonrisas medidas
aprendiendo de tus pasos.

La canción que no termina,
el favorito de tus discos,
la manzana prohibida
y el primer mordisco.

El separador de tus libros
y esa frase subrayada,
acompañada del desequilibrio
que conlleva una mirada.

La estación de ese tren
donde tú me esperas,
el primer paso en el andén
y el último de esas escaleras.

Es que siempre fui y seré
aunque no lo supieras,
mejor hacértelo saber
a que mi recuerdo muera.

Te amo

Ahora que todas las frases
fueron escritas y reusadas,
Te uso de remitente y base
para todas mis palabras.

Versos con autor y firma,
propiedad de un concesionario,
que se contradicen a sí mismos
siendo recitados en un escenario.

Escritos que roban mis ideas
sin dar lugar dónde encaje,
cayendo víctima de la odisea
donde tú llevabas el viaje.

Mencioné todo y no te pido nada,
entiende que no te exijo etiquetas,
no te tomará más de dos palabras
y solo un espacio entre cinco letras.

Dime que me amas
o hago las maletas.

Dime

Dime qué película es capaz
de hacer que broten lágrimas de tus ojos.

Dime qué canción suena
en bucle, cuando te duchas.

Dime tu color favorito
para combinar en tus prendas.

Dime cuál es ese escrito
que tienes tatuado en las venas.

Dime tu comida preferida
y en qué restaurante prefieres cenar.

Con base en esta lista yo me encargo.
Te lloraré,

te repetiré,

te quitaré,

te escribiré,

te pediré.

Tú dime,
yo todo lo contrario.

Feliz cumpleaños

Antes de que mi corazón se parta,
salga el sol y los pajaritos canten,
te dejo en una carta
lo que no pude en tu bandeja de mensajes:

Sé que ahora pretendemos
no conocerlos el uno al otro
y que decidimos no escribirnos
por nuestro propio bien.

Pero me es imposible no recordar
lo que vivimos hace un año,
lo que vivimos hace dos
y lo que vivimos hace tres.

Aunque todas aquellas flores
que te regalé se secaron,
no sé si mis cartas siguen en tu armario
ni si la tinta se escurre cuando llores.

Mantendré mi promesa,
la cual me mantiene lejos,
pero no estar en tu festejo
es lo que más me pesa.

Feliz cumpleaños, te extraño.

Entre tus fallos

Ahora que alguien más te regala
docenas de flores y de besos,
se resbala por tu espalda
y rebasa todos los excesos.

Soy consciente de que no fui dueño,
de hecho, ni siquiera fui el único,
que los sueños solo duran una noche
y con mucha suerte son lúcidos.

No eres culpable de lo que sientes,
pero verlos de la mano me hizo sentir
que en un cerrar y abrir
me volví indiferente.

Tu culpa viene de la mano del error,
no viene por parte de mi vacío,
ni buscar besos de una nueva pasión,
pero sí de seguir buscando los míos.

Sí, tengo en pedazos el corazón
y me asusta empezar de cero,
pero no te guardo ningún rencor,
aunque debería, porque aún te quiero.

Paul McCartney

Eres mi mejor canción,
es por eso que te odio.
Tengo que escuchar como todos te cantan
mientras yo te lloro.

Tú

Antes de que la timidez me dé un susto,
mi seguridad se termine y amaine,
te digo que te quiero entre arbustos
y mensajes subliminales.

Me saco un as bajo la manga,
te sigo escondido entre los versos,
entre las lentejuelas de tu falda
para imaginarme un último beso.

Ahora que cruzamos la mitad
y tu nombre va cobrando sentido,
escribirlo en cursiva me dejó de gustar,
prefiero escribirlo siempre conmigo.

Inigualables las pisadas de tus pies,
el resonar de tus tacones altos,
que me condenan por tercera vez
a ocultarme entre tus pasos.

Abrázame ahora que estás completa,
no te vayas ahora que estás aquí,
que recuerdo que la unión de tus letras
me señalan el fin.

El dilema de olvidarte

Te quiero olvidar.
Lo peor es que no lo intento.
Una parte de mi te quiere cerca
y la que te quiere lejos no te suelta.

No es que me guste sufrir o bañarme
entre lágrimas y suspiros entrecortados,
pero olvidarte no entra en mis planes
aunque esto implique aferrarme
a la decisión más cara.

La decisión de fingir que me embriago
para olvidar tu nombre,
cuando es para tenerlo más presente
y suplantar lo que era embriagarme
entre tus besos y caricias.

Esa sí que era mi cantina,
ese sí que era mi humo.

Fuiste la rutina
a la que no me acostumbro.
Por eso no te quiero olvidar.

Así eres tú

Ladrona de mi paz,
enredo de mis sábanas,
arrebato de mi soñar,
brotar de mis lágrimas,
abrefácil del tabaco,
trampa de ratones,
cordura del insensato,
hielo para los corazones.

Así eres tú.

Amor de colegio

Fuiste ese amor del que no me olvido,
aquel que hacía sudar nuestras manos
y nos provocaba cosquillas en el ombligo.

Cuando se amaba con los pies descalzos,
los besos eran delito y si acaso
nos amábamos por pulseras
entre excusas de escaleras
y motivos para el descanso.

Ahora que somos extraños,
sigo enamorado de tu recuerdo,
porque por más que pasen los años
no volveremos a amar como amábamos
cuando éramos niños pequeños.

La sinceridad se desvanece,
maduramos, crecemos
y si nos atrevemos a amar
vivimos contando meses y con miedo.

La ventana

Dos niños viéndose desde su ventana,
soñando con ver juntos a través de la misma,
las heridas de su piel la luna las sana,
pero las nubes carecen de carisma.

Se abrazan el alma,
ya que no se conocen el cuerpo,
solo se conocen por una vista plana
y por la hora de verse al mismo tiempo.
Sueñan con verse dormidos en la misma cama
estando despiertos.

Ven sus distintas caras en el agua cristalina,
porque los dominan los sentimientos,
un niño como borracho en cantina
pensando en esa niña
que, como obra de pantomima,
lo enamora a base de gestos.

La niña tenía el pelo café y ondulado,
él tenía marcas en toda la cara,
ella le enseñaba sus juguetes regalados,
él simplemente no le podía enseñar nada,
porque, aunque la niña tuviera el cristal lavado,
la ventana del niño estaba rota y empañada.

Los dos querían verse, pero él era muy tímido,
la niña ni siquiera alcanzaba la manija.
Su padre no la dejaba salir, era muy rígido,
por ser la más pequeña de sus hijas.
La única alternativa seguía siendo
un cristal poco nítido
y encontrarse a una hora fija.

De esta historia ya habían pasado meses,
que su noción interpretaba como años,
fuera como fuese, se querían sin conocerse,
siendo dos siameses de alma y dos extraños.

Lo de ir a la ventana justo a las siete era rutina,
el niño entraba saludando como cadete
y la niña moviéndose como bailarina,
captando sus mejores momentos en un carrete
sin cámara de fotografías,
pues el recuerdo permanecía en su mente
y su único temor era a las cortinas.

Dio la hora de verse y ambos fueron corriendo,
él a su ventana de madera,
ella a su ventana de mármol.
Pero no hubo manera,
había llegado la primavera
y entre ambos había florecido un árbol.

Cuando decimos que mataríamos por amor,
¿a qué nos referimos realmente?
Porque esa era la cuestión, matar al árbol
o matar ese miedo de verse.

Ambos se armaron de valor y salieron a hablar,
pues para ellos había pasado demasiado
y en cuanto tuvieron la oportunidad
se tomaron de las manos.

Fue entonces cuando su sueño hecho realidad
se había amainado,
puede que simplemente fuera curiosidad
y nunca se amaron.

Pasaron años y ambos eran adultos
y estudiaban su propia carrera,
no recordaban sus sueños juntos
ni esas vistas prohibidas de primavera.

Siguieron con su vida y trayectoria,
se olvidaron por completo de esa fase,
pero el amor posee buena memoria
y cruzaron miradas desde la ventana
que separaba ambas clases.

Y es ahí donde uno piensa,
¿por qué no amarse como niños
teniendo la sabiduría de un viejo?
Amarse usando el corazón y de sorpresa,
amarse dejando atrás todos los complejos,
pensando que somos niños por naturaleza.
Porque para el amor no hay mejor consejo,
si el consejo no es amar perdiendo la cabeza.

Desconocerte

Dicen que cuando conoces
cómo es alguien realmente
es una vez que la relación termina.

No sabes el miedo que le cogí a conocerte.

Inestables

Entre tu inestabilidad y la mía,
nuestros nombres riman bien.
Entre tu nombre y mi envidia
se ve la inestabilidad en mis pies.

Somos culpables de lo que creamos,
un lazo con espinas inquebrantables,
que nos obliga a vivir podridos
y a temer cortar cables.

Yo lo sé, no somos felices juntos,
nos asusta encontrarnos separados
y preferimos acostumbrarnos
a sonreír en estados y matarnos en conjunto.

Nos quedamos sin oxígeno,
nuestro mundo vive de reservas,
por negar que todo es efímero
y aferrarnos a una idea eterna.

Es triste saber que nos frena el miedo
de la soledad, de probar otras bocas
y de futuras lágrimas «sin remedio»,
cuando nuestras lágrimas juntos
son peores que otras.

Aprender a querer

Aunque nos quedaran atardeceres,
tenemos que asumir las consecuencias,
aprender a valorar los amaneceres,
saber perdernos sin perder la cuenta.

Aunque no quisiéramos espacios entre bocas,
nuestras lenguas se hicieron un nudo,
por buscarnos sin ninguna ropa
sin saber querernos desnudos.

Aunque tus ojos fueran el calvario
que me guiaban hacia mis ojeras,
terminé mordiendo el anzuelo.

El mismo que nos hizo ordinarios
en más de un millón de maneras
por no permitirnos vernos en sueños.

Y aunque quisiéramos escapar del mundo,
no llegaríamos a ninguna parte,
porque a veces es mejor ir sin rumbo
cuando el objetivo se encuentra en Marte.

Adrenalina

Diez llamadas perdidas,
planes de madrugada,
escapadas y movidas
cada fin de semana.

Improvisar en cada fiesta,
siendo reyes de locales,
robando show a las orquestas
y vivir cerrando bares.

Somos de subirnos a escenarios,
compartir el mismo cigarro,
somos de ir dejando huellas
en el cristal de las botellas.

Nos encanta esa sensación
de encontrarnos en la cima,
de sabernos cada canción
y ser parte de la rima.

Porque encontré la adrenalina
para compartir entre dos,
encontré la paz y la fatiga
de latir en el mismo corazón.

Acostumbrándome

Entre más tiempo estoy aquí
más ganas tengo de marcharme,
pero también me cuesta más hacerlo.

Cuando veo tus ojos me olvido,
pero sin verlos, lo recuerdo.
Un rencor me carcome por dentro,
destruyendo mis vísceras
y mi paz mental.

Sigo fumando recuerdos
de lo que algún día fuimos,
para olvidar que no somos
y que tampoco seremos.

Sigo limitando mis palabras,
cuando estas tratan de ti,
sabiendo que a veces nada
significa más de mil.

Empecé a acostumbrarme,
ya no sé si verte como antes
o dejarte de mirar.

Pero sí, me acostumbré.
Entendí que el problema es mío,
pero no olvido que la causa
siguen siendo tus fallos.

Y apenas acostumbrándome,
sin entenderlo en su totalidad,
me aferré a perderme un mundo,
con tal de seguir siendo parte del tuyo.

Tu calle

Será que somos polos opuestos,
o nuestros pensamientos viven combinados,
si mi canción favorita es tu calle
y aun así me sigues preguntando:

«¿A dónde vamos?»

Ella

Ella es
la libertad del viento,
el encierro tras la lluvia.

Ella es
lo efímero de un momento,
lo eterno de la duda.

Ella es
el calor de un abrazo,
el frío de la noche.

Ella es
palabra en pedazos,
vocablo del Quijote.

Ella es
lo frenético de un llanto,
el lagrimal de la poesía,

Y sin ser «para tanto»
ella fue
todo lo que quería.

Ya no, ahora sí

Tus palabras se las llevará el aire,
y aunque haya un sol que irradie
tengo gafas para cubrir tus «te quiero».

Porque me conociste siendo nadie
y quería que me vieras siendo alguien,
pero a tu lado nunca lograría serlo.

Cambiando gimnasio por llamadas,
proyectos nuevos por citas,
comidas con sabor a nada
que dejaban un dolor de tripa.

El amor no debería tener requisitos
que se olvidan cuando te excitas,
porque si no, será el mismo circuito
de hacer el amor entre flores marchitas.

Aunque no mentiré, se siente bonito
ver que en el amor estás maldita,
que ya no te necesito
y que tú me necesitas.

Imaginación

No sé…
olvidarte es más complejo
de lo que me hubiera imaginado.

Nunca imaginé sentirte cerca
sabiendo que estabas lejos,
ni imaginé imaginarte en otros labios.

Imaginé tu partida cada maldita noche,
pero no supe imaginarme el dolor,
tampoco imaginé que de tanto imaginarte
me quedaría sin imaginación.

Y debí haber imaginado
que ante la realidad,
la imaginación no vale nada,
porque gracias a imaginarte
no recuerdo cómo se ve tu mirada.

Cuándo

Dime cuándo llegará el día
en el que dejé de arrastrarme
por migas de atención
y cumplidos falsos.

Dime cuándo me atreveré
a abrir los ojos ante ti,
decirte el cómo me siento
y alejarme de tus garras.

Dime cuándo te tragarás
el orgullo que te rodea
y se traga tus perdones
escupiéndome así la culpa.

Dime cuándo seré yo
quien deje de suplicar
por sobras de amor
y amor sobre condiciones.

Dime cuándo, no me digas cuánto,
porque tus cantidades no me las creo,
¿Cómo tomaré con confianza tu mano?
cuando fuiste tú quien me tiro al suelo.

Los mandamientos del amor

1 ° mandamiento:
La primera vez, lo que te quema
te enseñará la dureza del dolor
y los rayos te serán la condena
de enamorarse sin el corazón.

2 ° mandamiento:
Lo que esté prohibido en este mundo
elevará tus pies por los cielos,
enseñándote así que el rumbo
se disfruta más por otros suelos.

3 ° mandamiento:
Cuando las maneras se estén comiendo
al recuerdo que aguarda un destello
y el amanecer depende del aportar,
el anochecer dependerá del apartar.

4 ° mandamiento:
Si la nostalgia que conlleva una canción
se escurre desde tu ojo hasta tu mentón,
ensúciate la mente, desafía a la muerte,
frota tu frente y enciérrala en un cajón.

5 ° mandamiento:
Prometerás fidelidad a tu propia alma,
amando a quien ama tus cualidades,
a quien está en las buenas y en las malas
y quien se quede sabiendo tus debilidades.

6 ° mandamiento:
Miles podrán flechar tu corazón
e instalarse a vivir en tu mente,
pero aún así el primer amor
es el que está más presente.

7 ° mandamiento:
El frío siempre pesará más en diciembre
y en mayo no habrá sitio para los abrazos,
elige bien a quien querer con fiebre,
no busques amores de corto plazo.

8 ° mandamiento:
Tu sitio no lo definirá el verbo
que te enganche a una sonrisa,
lo hará la plenitud de un silencio
rodeándote del ruido de una brisa.

9 ° mandamiento:
Desahógate en tu diario
y llora hasta perder la cuenta,
pero nunca busques sus labios
en otros, porque no los encuentras.

10 ° mandamiento:
El amor no debería tener dudas
cuando estás con la persona indicada,
así que no quieras a quien se pregunta
si aún ama tu mirada.

Amor

El amor es ese camino
con sonrisas y lamentos,
que nos mantiene confundidos
y a la vez tan contentos.

Pero ahora entendimos
que a veces las preguntas
se formulan solo con acentos.

www.ingramcontent.com/pod-product-compliance
Lightning Source LLC
LaVergne TN
LVHW051457170726
843492LV00002B/700